PHILIS

OU

LA ROSE ET LE ROSSIGNOL,

Ballet - Pantomime en deux actes,

Par J∴ B∴ Gilbert.

Prix 50 centimes.

PHILIS

OU

LA ROSE ET LE ROSSIGNOL,

Ballet - Pantomime en deux actes,

COMPOSÉ

Par J. B. Gilbert,

Élève de l'Académie Royale de Musique, et Maître
des Ballets du Grand-Théâtre de Nantes.

Représenté, pour la première fois, sur le
Grand-Théâtre de Nantes, le

A NANTES,

De l'Imprimerie de VICTOR MANGIN, quai de la Fosse, près de
la Douane

A Madame

Madame Montessu (née Paul),

Premier sujet de l'Académie Royale de Musique,

EN REPRÉSENTATION A NANTES.

<hr>

Madame,

Daignez agréer ce petit Ballet que j'ose vous dédier ; il ne peut avoir de mérite qu'autant que vous voudrez bien me prêter votre talent. Puisse-t-il vous être aussi agréable que j'ai eu de plaisir à le composer, et avoir le bonheur de mériter votre suffrage, ainsi que celui d'un Public éclairé et protecteur des Arts ! Tels sont les vœux,

M A D A M E ,

De votre dévoué serviteur,

J∴ B∴ Gilbert.

PERSONNAGES.

PHILIS, *jeune bergère*... Mme MONTESSU.

RICHARD, *son amant secret*..................... Mr CASTILLON.

LE BAILLI, *amoureux de Philis*................ Mr GILBERT.

MATHURINE, *mère de Philis*..................... Mlle GOSSELIN.

JACQUOT, *Garde-Chasse au service du Bailli*..................... M. GIREL.

JEUNES ASPIRANTES A LA ROSE................ { Mlles AURÉLLIE. LEROUX. RAVENOT.

JEUNES VILLAGEOIS...... { Mrs MONTESSU. PIZZARELLO.

Personnages dansant.

PREMIER ACTE.

Mr PIZZARELLO.

Mlles LEROUX, RAVENOT.

Mrs NOUVEAU, HAMEL, BERTINI, DAVÉZAN.

Mlles JENNY, CHARLES, QUILLET, ROMAIN.

DEUXIÈME ACTE.

~~~~~~~~~~~

Mr MONTESSU.

Mlle AURELLIE.

Mrs TARAULT, GODOT, QUILLET, DUTHÉ.

Mlles SOPHIE, AGATHE, GOESELIN, THÉRÈSE.

Le Tambour du Village.
Notables du Canton.
Gardes champêtres.
Villageois.
Villageoises.
Joueurs d'instruments.
Enfants du Village.

————●————

La Scène se passe dans un Village du Languedoc.
~~~~~~~~~~~

AVERTISSEMENT.

« Lecteur, regarde seulement
» La finette Cataut jouer son personnage,
» Et comment elle met le rossignol en cage :
» Après je m'en rapporte à votre jugement. »

(Le Rossignol , conte.)

Tout en suivant le conte de LA FONTAINE et l'opéra de MM. ÉTIENNE et LEBRUN, j'ai jugé plus convenable de faire de la jeune Catherine une *Rosière* ; la fête de la *Rose* étant très-ancienne, puisque l'institution en est attribuée à St MÉDARD, qui vivait du temps de CLOVIS, dans le premier siècle de la monarchie, je fais donc passer l'action de mon ballet vers l'an 1400. Cette cérémonie ne consistait, à cette époque, qu'en une simple couronne de roses, qu'on plaçait sur la tête de la plus sage du canton : par la suite, Louis XIII ajouta aux fleurs une *bague d'argent* et son *cordon bleu*; et ce n'est que depuis ce temps que les jeunes aspirantes sont décorées de ce ruban.

Ayant voulu réunir, dans ce petit cadre, les différentes danses du Languedoc, je fais passer la scène dans un village de cette belle province , berceau des joyeux troubadours.

La musique de ce Ballet a été arrangée et composée avec beaucoup de goût par M. ROGER FILS, de Montpellier.

GILBERT.

LA ROSE

ET

LE ROSSIGNOL.

ACTE PREMIER.

(Le théâtre représente l'extérieur d'un petit bois. A gauche, la maison de Mathurine ; une petite fontaine est attenante à ladite maison. A droite, un berceau de roses et la maison du Bailli. — Il fait petit jour.)

SCÈNE PREMIÈRE.

JACQUOT va frapper au *Bailliage*. Le Bailli paraît à la fénêtre et fait signe qu'il va descendre.

SCÈNE II.

Richard arrive et semble contrarié en voyant Jacquot; mais celui-ci entre bientôt chez le Bailli.

SCÈNE III.

Lorsqu'il est seul, Richard s'approche de la maison de sa maîtresse et donne avec sa flûte le signal du rendez-vous.

Entendant venir Philis, il cesse de jouer et court se cacher dans le bosquet.

SCENE IV.

Philis sort avec précaution ; elle tient à la main un petit arrosoir qu'elle va remplir à la fontaine, et revient ensuite pour arroser ses fleurs.

Elle témoigne le chagrin qu'elle éprouve de ne point trouver Richard au rendez-vous.

Celui-ci, dans le bosquet, fait un prélude sur sa flûte. Philis ne doutant plus que son amant est là, va le surprendre.

Les Amours se font mille protestations d'amour : mais, s'apercevant bientôt que le soleil commence à paraître à travers les arbres du bois, Philis fait signe à Richard de s'éloigner.

SCÈNE V.

Le Bailli sort de chez lui ; il est suivi de Jacquot qu'il envoie au-devant des villageois.

Voyant Philis prête à rentrer chez sa mère, il la retient pour lui annoncer la fête qui se prépare, et lui dire qu'elle obtiendra la rose, si elle consent à accepter et son cœur et sa main.

Philis répond que sa mère lui défend d'écouter les propos d'amour.

SCÈNE VI.

Mathurine paraît dans ce moment, et, s'approchant du Bailli, semble approuver sa fille.

SCÈNE VII.

Jacquot et tous les jeunes gens du village entrent en dansant.

Les jeunes aspirantes à la rose viennent entourer le Bailli, qui leur montre une bannière sur laquelle on lit : *A la plus sage* ; puis, s'approchant amoureusement de Philis, il lui donne la rose, et ordonne à Jacquot d'attacher la bannière devant la porte de Mathurine. Les jeunes filles font un petit mouvement de dépit, et les villageois célèbrent la Rosière.

Le Bailli, qui veut être seul pour sonder le cœur de la Rosière, ordonne aux villageois d'aller sur la grande place pour continuer les danses : ils sortent.

SCÈNE VIII.

Lorsqu'ils sont éloignés , Mathurine présente sa fille au Bailli, qui lui demande si elle aime quelqu'un dans le village. *Oui, monsieur,* répond Philis. *Et qui donc aimez-vous ?....* Alors la jeune fille montre sa mère, et le Bailli rit de la naïveté de la petite, pendant que celle-ci fait signe à Richard , qui est dans le fond, de se cacher dans le bosquet.

Le Bailli revient près de Philis, et lui demande si elle aime encore quelque chose ?.... Alors elle avoue, en montrant l'endroit où est son amant, qu'elle *aime le Rossignol.*

Le Bailli, riant aux éclats, se retourne vers Mathurine en lui disant : *ce n'est pas mal assurément, c'est un amour bien innocent.*

Richard, voulant faire une espiéglerie, joue de sa flûte.

Le Bailli, croyant entendre le Rosignol, veut voir ce bel oiseau : mais Richard se sauve sans être vu.

Le Bailli content de son interrogatoire, sort après avoir reconduit la jeune Rosière et sa mère.

Fin du premier acte.

ACTE DEUXIÈME.

SCÈNE I.

RICHARD ne sait comment rompre le mariage projeté entre le Bailli et Mathurine ; soudain entendant du bruit dans la maison, il se cache.

SCÈNE II.

Mathurine sort avec sa fille, en costume de Rosière ; elle lui recommande de l'attendre, et s'éloigne ensuite pour aller au-devant du Bailli.

(15)

SCÈNE III.

Richard accourt près de Philis; il lui fait part de son chagrin.

Philis cherche à consoler son amant.

SCÈNE IV.

Jacquot vient dans cet instant, et reste tout stupéfait en voyant la jeune Rosière dans les bras de Richard. Il sort pour aller avertir le Bailli.

SCÈNE V.

Richard entraîne sa maîtresse sous le bosquet; là, il lui prodigue mille caresses.

SCÈNE VI.

Pendant cette scène, Jacquot revient conduisant le Bailli et Mathurine.

Ils entrent dans le bosquet, et surprennent Philis au moment où elle cherche à imiter, sur la flûte de son amant, le chant du Rossignol.

Les amants tombent aux pieds de Mathurine; Jacquot retire des mains de Philis la flûte de Richard, et le Bailli finit par leur pardonner.

SCÈNE VII.

Tous les villageois arrivent en dansant pour assister au couronnement de la Rosière.

Philis, présentée par sa mère, s'agenouille devant le Bailli qui lui pose la couronne virginale et l'unit à Richard.

Bénédiction nuptiale, danses générales.

FIN DU BALLET.

www.ingramcontent.com/pod-product-compliance
Lightning Source LLC
LaVergne TN
LVHW011934170726
843501LV00011BA/4407